MEUBLES

ANCIENS

Montceaux

(Aube)

VENTE

aux Enchères publiques

D'UN

MOBILIER ANCIEN

Commodes Louis XV — Encoignures Louis XV
Sièges Louis XIV et Louis XVI
Pendules d'applique — Flambeaux
Tableaux — Porcelaines

au Château de Montceaux

Commune de Montceaux

près TROYES (Aube)

Le Dimanche 2 Avril 1905

A UNE HEURE

par le Ministère de Mᵉ Gillet notaire à Troyes
assisté de M. André Coutelier Expert à Paris
rue de Miromesnil, 19

Exposition le 1ᵉʳ Avril de 1 h. à 5 heures
Exposition le 2 Avril de 9 h. à 11 heures

CONDITIONS DE VENTE

Elle sera faite au comptant.

Les acquéreurs paieront dix pour cent en sus des enchères applicables aux frais.

L'exposition mettant le public à même de se rendre compte de l'état et de la qualité des objets, aucune réclamation ne sera admise une fois l'adjudication prononcée.

Moyens de Transport

Départ de Paris à 8.45   Arrivée à Troyes à 10.53

—   —   9.9   —   —   11.56

Départ de Troyes à 11.2   Arrivée à Clérey à 11.26

—   — midi 29   —   — midi 55

OMNIBUS A LA GARE DE CLEREY

le dimanche 2 avril à 11 h. 1/2 du matin et à 1 h.

Le Château de Montceaux, commune de Montceaux est situé sur la ligne de Troyes à Châtillon halte de Clérey, à 5 kilomètres de la gare de Clérey, à 12 kilomètres de Troyes.

DÉSIGNATION SOMMAIRE

PORCELAINE, ARGENTERIE
& DIVERS

1 — Une potiche à couvercle en vieux Japon poly-
chrome et or, hauteur 0^{m}70.

2 — Une potiche à couvercle en vieux Japon cassée.

3 — Deux cornets, vieux Japon, polychromes et or,
hauteur 0^{m}45.

4 — Service de table en porcelaine blanche, larges
filets or, fond chamois, 152 pièces.

5 — Service de cristal taillé, époque Empire, carafes
à vin, à eau, burettes, verres de table, verres à
bière, verres à liqueurs, cloches à fromages,
199 pièces.

6 — Cave à liqueurs en bois, époque de la Restauration, 6 carafons.

7 — Petit crémier, porcelaine de Sèvres décor or.

8 — Sucrier porcelaine de Locré, décor de fleurs.

9 — Sucrier, cremier, 6 tasses, porcelaine décor de fleurs.

10 — Une paire de burettes Empire en cristal taillé.

11 — Cinq corbeilles porcelaine blanche et filets or.

12 — Deux sucriers porcelaine blanche et filets or.

13 — Quatre jattes à fruits porcelaine blanche et filets or.

14 — Service à thé en porcelaine, 70 pièces.

15 — Service à thé, plateau, samovar, métal argenté, brocs en porcelaine montés, cremier, théière et sucrier en argent.

16 — Boîte en bois avec plaques de porcelaines.

17 — Boîte en bois époque de la Restauration avec un fixé sous verre.

18 — Loto dauphin.

19 — Service de couverts à dessert en vermeil.

20 — Réchauds en plaqué.

21 — Seaux à rafraîchir en plaqué.

PENDULES ET BRONZES

22 — Pendule d'applique époque Louis XV, en marquetterie de cuivre et d'écaille avec son socle, bronzes dorés.

23 — Garniture de cheminée en marbre rouge et bronze, composée d'une pendule représentant le serment d'Horace et de deux coupes.

24 — Une pendule Empire bronze dorée.

25 — Une pendule Empire bronze doré.

26 — Une pendule Mongolfière époque Louis XVI marbre blanc et bronze doré.

27 — Une pendule époque Louis XVI marbre blanc et bronze doré.

28 — Un cartel en bronze à dépouille de lion époque Louis XVI.

29 — Une pendule style Louis XVI marbre blanc et bronze doré.

30 — Une pendule style Louis XVI marbre blanc et bronze doré.

31 — **Chenets en** bronze doré époque Louis XVI à **vases et trophées.**

32 — Paire de flambeaux à guirlandes époque Louis XVI réargentés.

33 — Paire de flambeaux de la Restauration. bronze doré et bronze vert.

34 — Lanterne époque Louis XV bronze doré.

35 — Paire de flambeaux, époque Louis XIV, bronze argenté.

36 — Paire de flambeaux, époque Louis XIV, bronze argenté.

37 — **Paire de** flambeaux, époque Louis XVI, bronze ciselé et réargenté.

38 — Paire de flambeaux, cuivre repoussé et ciselé Louis XVI argentés.

39 — Paire de flambeaux époque Louis XVI.

40 — Chenets époque Louis XVI en bronze.

41 — Paire de flambeaux à 2 branches, style Louis XVI, bronze ciselé et doré.

42 — Paire bras d'applique avec urne, tête de bouc et guirlandes.

TABLEAUX ET CADRES

43 — Portrait de Louis XIV, cadre ovale, bois sculpté et redoré.

44 — Portrait de femme époque Louis XIV, cadre ovale, bois sculpté et redoré.

45 — Portrait d'homme époque Louis XIV, cadre rectangulaire, bois sculpté et redoré.

46 — Tableau représentant l'adoration des bergers, cadre bois sculpté doré.

47 — Portrait de femme XVIIIe siècle, forme ovale.

48 — Pastel, enfant au chien.

49 — Cadre époque Louis XIV, bois sculpté et doré.

50 — Cadre époque Louis XV, bois sculpté et doré.

51 — Deux glaces cadres dorés modernes.

52 — Glace Louis XIV, bois doré.

MEUBLES ET SIÈGES

53 — Meuble époque de la Renaissance en noyer avec incrustations et sculptures.

54 — Commode époque Louis XV, bois de rose et bois de violette, bronzes dorés, dessus marbre.

55 — Table époque Louis XIV, bois sculpté, redorée, dessus moderne.

56 — Bibliothèque Empire à deux corps, en acajou.

57 — Toilette Empire en acajou et bronze dorés, marbre blanc.

58 — Table époque Louis XIV, chêne sculpté, dessus marbre rouge.

59 — Guéridon Empire en acajou, dessus de marbre.

60 — Guéridon rond, époque Louis XVI en acajou, galerie de cuivre ajourée, marbre blanc cassé.

61 — Secrétaire-chiffonnier époque Louis XVI acajou.

62 — Deux encoignures époque Louis XV, marquetterie, dessus marbre rouge moderne.

63 — Petite chiffonnière époque Louis XV, bois naturel avec incrustations, six tiroirs.

64 — Table console en demi-lune, époque Louis XVI, en marquetterie de fleurs, sans marbre, signée MOREAU.

65 — Table-bouillotte époque Louis XVI acajou, pieds cannelés, avec le porte-flambeau.

66 — Six fauteuils, un canapé, une bergère à médaillon époque Louis XVI.

67 — Commode époque Louis XV, bois de rose et bois de violette, dessus marbre.

68 — Deux fauteuils époque Louis XIV, bois sculpté.

69 — Une commode à colonnes époque de la Restauration.

70 — Une commode à colonnes époque de la Restauration.

71 — Une table de nuit à colonnes époque de la Restauration.

72 — Une table de nuit à colonnes époque de la Restauration.

73 — Une console Empire en acajou.

74 — Une table à jeux (tric-trac) en acajou, époque Louis XVI.

75 — Trois fauteuils et une bergère époque Louis XVI, peints en blanc, signés J. B. Lelarge.

76 — Petite commode Empire, modèle d'ébéniste.

77 — Console époque Louis XV, bois sculpté et doré sans marbre.

78 — Un secrétaire époque Louis XVI bois de rose.

79 — Secrétaire époque Louis XVI.

80 — Deux chaises Empire en acajou.

81 — Fauteuils de la Restauration en acajou.

82 — Un canapé et fauteuils de la Restauration en bois jaune.

83 — Grande table en bois pieds tournés.

84 — Deux bahuts Louis XIV genre Boulle.

Le Mobilier moderne sera vendu le Dimanche 9 Avril 1905 à 1 heure.

www.ingramcontent.com/pod-product-compliance
Lightning Source LLC
LaVergne TN
LVHW010848180726
843502LV00009B/3782